Jolantha Belik

Anleitung zum Supergau

30 Regeln

Wie man ein Seminar
garantiert in den Sand setzt

Jolantha Belik

Anleitung zum Supergau

30 Regeln

Wie man ein Seminar
garantiert in den Sand setzt

Wien, 2008

Bibliografische Information der Deutschen Nationalbibliothek
Die Deutsche Nationalbibliothek verzeichnet diese Publikation in der Deutschen Nationalbibliografie; detaillierte bibliografische Daten sind im Internet über http://dnb.d-nb.de abrufbar.

Impressum:

© 2008 Jolantha Belik
ISBN: 978-3-8370-5837-6
Herstellung und Verlag: Books on Demand GmbH, Norderstedt
Umschlaggestaltung: Gabriele Merl, www.merlimerl.de
Illustrationen, Satz und Layout: Jolantha Belik, www.supergau-seminar.at

Inhalt

Vorwort

Wenn Du alle oder zumindest einige der *30 Regeln* in diesem Büchlein beachtest, hast Du garantiert ein ruiniertes Seminar und früher oder später keine Seminareinsätze mehr. Kein Auftraggeber wird sich um Dich reißen und Du brauchst Dich nicht mehr mit unwilligen und nervigen TeilnehmerInnen auseinander setzen.

Das Befolgen der Regeln ist ein Garant dafür, sich sowohl in schwierige als auch in peinliche Situationen hinein zu manövrieren. Wer will denn schon ein nettes, ausgeglichenes Seminar mit freundlichen aktiven TN? Wäre doch viel zu langweilig und ohne jeglichen Nervenkitzel.

Alle beschriebenen Situationen habe ich selber erlebt, zumeist als Teilnehmerin in einem Kurs oder Fortbildungsseminar. Einige Situationen hingegen sind mir in meiner Anfangszeit als Trainerin bzw. Kursleiterin passiert, als ich noch unbedarft und blauäugig an die

Sache ran ging. Doch selbst heute, nach mehr als 20 Jahren in der Erwachsenenbildung, passieren hin und wieder (Anfänger-)Fehler, die nur durch die langjährige Erfahrung nicht in einem Supergau enden.

Routine bedeutet nicht nur Erfahrung sondern auch immer gleiche Abläufe, was allzu leicht zur Betriebsblindheit führt. Dieses Büchlein soll einerseits erfahrene SeminarleiterInnen auf eingeschlichene Fehler aufmerksam machen. (Ich bin mir sicher, viele LeserInnen erkennen sich in der einen oder anderen Situation wieder.) Andererseits ist die Anleitung zum Supergau für unerfahrene und weniger erfahrene KollegInnen eine Sammlung von Situationen, die den Alltag nach dem Motto „Wozu einfach, wenn es kompliziert auch geht?" ganz schön erschweren können.

Ich wünsche Dir in diesem Sinne viel Spaß bei der Lektüre meiner Anleitung zum Supergau und erfolgreiche Seminare.

Wien, September 2008
Jolantha Belik

P.S.: Alle Angaben (Regeln) ohne Gewähr. Es besteht bei entsprechender Wirkung kein Anspruch auf Schadenersatz!

Abkürzungen und Symbole

AG   Auftraggeber

SL   SeminarleiterInnen, KursleiterInnen, TrainerInnen

TN   TeilnehmerInnen

Die meisten Regeln sind selbsterklärend. Bei einigen findest Du hier Erfahrungsberichte aus der Praxis.

Bei manchen Situationen außerdem auch, welche Auswirkungen Dein Verhalten auf den Verlauf Deines Seminars bzw. auf Deine TN haben kann.

Vor dem Seminar

Für erfolgreiche SL beginnt ein Seminar bereits eine Zeitlang vor dem eigentlichen Beginn des Seminars.

Zu „Hausaufgaben" von SL gehören nicht nur die inhaltlichen Vorbereitungen für das Seminar sondern auch das Erlernen des Umganges mit den verwendeten technischen Hilfsmitteln sowie die Kenntnis der organisatorischen Rahmenbedingungen des jeweiligen Veranstalters & des Veranstaltungsortes.

Nicht nur in der Schule brachten nichtgemachte Hausaufgaben Ärger ein, auch bei Deinen Seminaren werden Deine TN ungehalten reagieren.

Regel 1:
Beschäftige Dich nicht mit technischen Hilfsmitteln!

Du hast schließlich massenhaft Zeit, Dich während Deiner gut bezahlten Seminarzeit mit der Suche nach dem Einschaltknopf des Beamers etc. zu beschäftigen. Außerdem hast Du so genügend Zeit und Gelegenheit, über die Technik und den miesen Service des Hauses zu schimpfen.

TN lieben es, Ratschläge zu geben. Manche machen daraus ein Ratespiel, wo sich der Einschaltknopf etc. befinden könnte. Das Beste daran ist der Tonfall, wenn sie ihre Ratschläge in Deine Richtung loslassen.

Noch besser jedoch ist es, wenn die TN beginnen, genervt zu seufzen, ihre Köpfe zusammen zu stecken und zu tuscheln. Ein sicheres Zeichen, dass Dein Ansehen rapide sinkt.

Bist Du ein Mann, so bist Du bei Deinen TN unten durch, wenn Du nicht mit technischen Hilfsmitteln umgehen kannst. Ein Mann hat sich auszukennen.

Bist Du eine Frau, bist Du auch unten durch. Bei männlichen TN bestätigst Du das Vorurteil „Frau und Technik geht nicht". Was in der Praxis gleichzusetzen ist mit „die kann ja sowieso nichts".

Bei weiblichen TN, die sich auskennen, bist unten durch, weil sie davon ausgehen, dass sich andere Frauen auch auszukennen haben. Und bei weiblichen TN, die sich auch nicht auskennen, bist unten durch, weil sie von einer SL sehr wohl erwarten, dass sie weiß, wie man technische Geräte bedient.

Regel 2:
Nimm keine Unterlagen mit!

Wozu solltest Du Deine Unterlagen und Hilfsmittel mitschleppen. Das würde Deinen TN doch nur zeigen, dass Du Dich auf das Seminar vorbereitet hast. Mit Deiner Erfahrung schaukelst Du das Seminar auch so.

Außerdem lieben es TN, wenn SL improvisieren. Die Begeisterung der TN sinkt von Minute zu Minute. Besonders erfreut zeigen sich TN, wenn Du behauptest, Deine Unterlagen lägen ohnehin im Auto (oder sonst wo in der Nähe) und Du diese aber aus Zeitgründen nicht holst.

Ein spezieller Genuss für Deine TN ist es, wenn Du versuchst, solange wie irgend möglich Zeit zu schinden. Eine nette Variante von Zeitschinden ist beispielsweise volle zwei Stunden lang vorm Flipchart zu stehen und zu allen passenden und nicht passenden Themen mit den TN Brainstorming zu machen.

Deine TN bemerken ohnehin nach wenigen Minuten, dass Du absolut unvorbereitet vor ihnen stehst. Da kannst Du noch so sehr versuchen, Unsicherheiten und Unwissen mit *Hahaha* und *Hihihi* zu überspielen.

Bei einem Seminar kam die SL nicht nur mehr als eine halbe Stunde zu spät. Sie antwortete auch noch auf die Frage nach Unterlagen „das machen wir heute ohne Folien und Handouts, ich mag die Tasche nicht aus dem Auto holen gehen".

Sie erzählte allgemeines Blabla und wollte die restliche Zeit ausschließlich mit Brainstorming ausfüllen. Brainstorming, bei dem von der SL alle Beiträge kommentiert und bewertet, die meisten sogar „aussortiert" wurden. Bereits nach wenigen Minuten weigerte sich die Gruppe mitzuarbeiten.

Regel 3:
Sei keinesfalls pünktlich!

Deine TN sollen ruhig auf Dich warten und daran denken, dass sie ihren Seminarbeitrag fürs Warten bezahlt haben. Nur so können sich die TN richtig auf Dich einstimmen.

Zudem ist es für SL ein ganz besonders schönes Gefühl, abgehetzt und außer Atem einen Raum zu betreten, in dem man die Spannung regelrecht knistern hört.

Halte Dich an das Sprichwort *„Pünktlichkeit ist eine Zier, doch weiter kommt man ohne ihr."* Das garantiert Dir, dass Du Dich mit jeder

Minute, die Du zu spät dran bist, um Meilen von Deinen TN entfernst. Und dass die Kluft zwischen Dir und Deinen TN mit jeder Minute breiter, tiefer und unüberwindbarer wird.

Schon GOTTHOLD EPHRAIM LESSING meinte:

Bester Beweis einer guten Erziehung ist die Pünktlichkeit.

Heute wird Pünktlichkeit (wieder oder noch immer?) als Gebot der Höflichkeit, Zeichen für Zuverlässigkeit sowie Frage der persönlichen Wertschätzung angesehen.

Die Autorin HELGA SCHÄFERLING beschreibt diese Wertschätzung des Anderen besonders treffend:

Meine Pünktlichkeit drückt aus, dass mir deine Zeit so wertvoll ist wie meine eigene.

Es kann zwar vorkommen, dass das Auto streikt, die öffentlichen Verkehrsmittel nicht fahren oder sonst etwas passiert. Verantwortungsbewusste SL sorgen vor, brechen entsprechend zeitig von zu Hause auf und sind rechtzeitig zugegen. Nur so kannst Du Deinen TN beim Betreten des Seminarraumes ein freundliches Willkommen bereiten.

Solltest Du dennoch einmal zu spät dran sein, so ist es selbstverständlich, dass Du dem Veranstalter noch *vor* Beginn des Seminars bescheid gibst. Natürlich wird die versäumte Zeit in Absprache mit den TN und dem AG nachgeholt!

Am ersten Seminartag zu spät zu kommen, ist ein absolutes *NoGo!*

TN und Auftraggeber zahlen nicht gerne für Nicht-Anwesenheitszeiten von SL.

NAPOLEON (1769-1821) meinte:

Es gibt Diebe, die nicht bestraft werden und einem doch das kostbarste stehlen: die Zeit.

Auch heute ist Zeit ein besonders kostbares Gut. Nur allzu leicht könnte Dich Dein AG bestrafen und Dich nicht mehr einsetzen.

Einstiegsphase

Während der Einstiegsphase gibst Du Deinen TN Gelegenheit, andere TN und Dich sowie die Rahmenbedingungen (Inhalte, Zeitplan, Organisatorisches etc.) kennen zu lernen, bei Deinem Seminar *anzukommen*. Für Dich bedeutet ein gut verlaufender Anfang, Deine TN auf das Seminar einzustimmen und von einem gemeinsamen Punkt *abzuholen*.

Läuft diese Phase schief, so wird schon mal ein passender Grundstein gelegt, um das Seminar in den Sand zu setzen. Folgende Tipps garantieren Dir, dass Deine TN Deinem Seminar von Anfang an negativ gegenüber stehen und entsprechend ungehalten und sauer reagieren.

Regel 4:
Kümmere Dich nicht um Organisatorisches!

Was ginge es Dich denn auch an, wo sich die Kantine befindet. Oder wo geraucht werden darf. Oder etwa, wann und wo Deine TN eine Teilnahmebestätigung erhalten könnten.

Wichtig für *Dich* ist einzig und alleine, dass Du weißt, wie und wann *Du* Dein Honorar abrechnen kannst. Um alles andere sollen sich die TN doch selber kümmern.

Besonders gut für Dich sind Situationen, in denen *die TN* Dir sagen, wie das mit den Anwesenheitslisten etc. funktioniert oder etwa wie Du im Haus zu Kopien für Deine TN kommst.

Wenn Du dann noch Deinen Zeitplan vorstellst (auf dessen Einhaltung Du bestehst, siehe *Regel 16!*) und Deine TN entsetzt feststellen, dass in der Früh das Haus noch gar nicht geöffnet ist, wenn Du beginnen willst, bist Du auf dem besten Weg zum Supergau.

Regel 5:
Mach keine Vorstellungsrunde!

Wen interessiert es denn schon, wer alles in Deinem Seminar sitzt - Dich wohl am allerwenigsten. Du hast ohnehin die Teilnehmerliste mit den einzelnen Namen. Das reicht doch, oder?

Auch Deine TN hat es nicht zu interessieren, wer sonst noch am Seminar teilnimmt. Zudem geht unnötigerweise viel zu viel Zeit drauf.

Das Weglassen einer Vorstellungsrunde ist meiner Meinung nach eines der schlimmsten Fehler, die man als SL machen kann. Du nimmst damit Deinen TN die Chance, in Deinem Seminar gemeinsam anzukommen. Zudem entfällt für Dich die Möglichkeit, einen ersten Eindruck von Deinen TN zu gewinnen.

Regel 6:
Verwende keine Namensschilder!

Dein Name braucht Deine TN ohnehin nicht zu interessieren. Es reicht, wenn Du Deinen Namen - falls überhaupt - bei der Begrüßung der TN leise und unverständlich dahin murmelst.

Namenskarten oder Namensschilder für die TN? Wozu? Ist doch bloß mit Zeitaufwand und Arbeit verbunden. Du willst ja Deine TN sowieso nicht persönlich mit Namen ansprechen. Denn das könnte womöglich zu einem besseren Miteinander beitragen.

Regel 7:
Erzähle Deine gesamte Lebensgeschichte!

Die TN wollen schließlich genauestens über Deine Nachbarn, Deine Familie, Deine Kindheit etc. informiert werden. Außerdem lieben TN Monologe von SL zu Beginn eines Seminars.

Wenn Du zusätzlich bei jeder möglichen und unmöglichen Gelegenheit Episoden aus Deiner Vergangenheit erzählst, kannst Du Dir sicher sein, dass Deine TN immer unruhiger auf ihren Plätzen herumwetzen und miteinander zu tuscheln beginnen.

Du brauchst natürlich nicht Deine gesamte Lebensgeschichte zu erzählen, es reichen einige wenige Episoden. Die paar Erlebnisse bringst Du immer und immer wieder.

Spätestens bei der dritten Wiederholung der Geschichten steigen Deine TN gedanklich aus. Die Stimmung in der Gruppe beginnt langsam aber sicher zu kippen.

Regel 8:
Mache keine Bestandsaufnahme!

Es interessiert Dich schließlich nicht, wo Du Deine TN „abholen" mußt und welche Basics Du Dir eventuell sparen kannst. Oder etwa, welche Grundlagen Du unbedingt bringen bzw. wiederholen mußt, damit alle TN vom gleichen Level aus in Dein Seminar starten können.

Es reicht so und so, wenn Du erst später im Laufe des Seminars merkst, dass etliche Profis in Deinem Seminar sitzen und Dir fachlich haushoch überlegen sind. Du willst Dich ja nicht gleich zu Beginn fertig machen, wenn Du das herausfindest.

Überdies könnte eine Bestandsaufnahme dazu führen, dass Deine TN womöglich das Gefühl haben, Du interessierst Dich für sie, bringst ihnen Respekt entgegen und gestaltest das Seminar im Sinne der TN - und nicht nur für Dein Bankkonto.

Regel 9:
Definiere keine Ziele und Inhalte!

Deine TN wollen sich schließlich überraschen lassen. Außerdem brauchen TN ja nicht gleich zu Beginn darauf zu kommen, dass sie sich womöglich im falschen Seminar befinden.

Und, wer weiß? Du könntest womöglich erkennen, dass die Erwartungen Deiner TN sich absolut nicht mit Deiner Seminarvorbereitung decken. (Hast Du denn überhaupt eine Seminarvorbereitung gemacht? Im Sinne dieses Büchleins muß die Antwort NEIN lauten!)

> Ich verbinde die Vorstellungsrunde mit der Frage zu den Erwartungen seitens der TN. So kann ich gleich zu Beginn abklären, welche Wünsche realisiert werden könnten und was unrealistisch ist.

Regel 10:
Bedauere Deine TN, weil sie am Seminar teilnehmen müssen!

Das stärkt die Beziehung zu den TN und steigert die Motivation Deiner TN ins unermesslich Negative.

Gemeinsam mit *Regel 11* führt es dazu, dass Du im Grunde genommen nach Hause gehen könntest, weil Dein Seminar ohnedies gelaufen ist. Deine TN werden nur deshalb bleiben, weil sie eine Teilnahmebestätigung bekommen wollen. Dass sie Dir das Leben schwer machen werden, bis sie endlich gehen dürfen, versteht sich von selbst.

Ich habe es bei einem Seminar als TN selbst erlebt. Die anfangs gute Stimmung (viele TN trafen sich dort nach längerer Zeit wieder) schlug binnen Sekunden ins Negative um. Die Energie der Gruppe richtete sich dann bis zum Schluß gegen den SL.

Regel 11:
Lass Deine TN per Daumen-zeichen abstimmen!

Ein toller und motivierender Einstieg für Deine TN statt einer Vorstellungsrunde, besonders bei sensiblen und heikleren Themen sowie bei Seminaren, die TN im Rahmen von (vorgeschriebenen) Weiterbildungen besuchen „müssen".

Diese Methode garantiert Dir, dass selbst jene wenigen TN, die ursprünglich neutral bis positiv dem Seminarthema gegenüberstanden, nach einem Blick in die Runde den Daumen von positiv zu neutral, wenn nicht sogar nach unten bewegen werden.

Somit hast Du die gesamte Gruppe innerhalb weniger Sekunden passend auf Dein
Seminar und gleichzeitig auch gegen Dich
eingestimmt.

Diese Methode wird immer wieder bei Gruppen mit vielen TN und
eher weniger Zeit als Alternative zu
einer Vorstellungsrunde angeprie-
sen.

Bei einem Fortbildungsseminar, bei
dem ich anscheinend als Einzige
freiwillig anwesend war (für die
anderen TN war es eine Pflichtver-
anstaltung), wandte sich die von
vornherein angespannte Stimmung
durch die nach unten zeigenden
Daumen binnen Bruchteilen einer
Sekunde in Richtung absolute Ablehnung.

Aversion der Gruppe gegen ein Thema ist erfahrungsgemäß verbunden
mit der Ablehnung gegen Dich als
SL!

Regel 12:
Werde zum „Feindbild Nr. 1"!

Sobald Du die Rolle des *Feindbildes Nr. 1* übernommen hast, kannst Du sicher sein, dass das Seminar gelaufen ist.

Egal, was Du machst, selbst wenn es im Grunde genommen etwas Positives wäre, die TN werden sich gegen Dich wenden.

Deine TN warten regelrecht darauf, dass Du etwas „falsch" machst. Oft reicht es schon, dass Du Dich versprichst, jemanden „schief" anschaust oder Dich zu lange mit dem „Mauerblümchen" oder „Dummerl" der Gruppe beschäftigst.

Egal, was Du machst, irgendwer ist dagegen und regt sich drüber auf. Du kannst Dir sicher sein, dass Du schlechte Bewertungen bekommst. Im besten Fall wird es auch Beschwerden hageln und Du brauchst Dich in Zukunft bei diesem AG nicht mehr mit nervigen TN herumärgern.

In jeder Gruppe spielen sich ähnliche Prozesse ab. Die Kenntnis der einzelnen Phasen erleichtert die Wahl des „richtigen" Zeitpunktes zum Ruinieren eines Seminars. Die klassischen Gruppenphasen sind:

➤ FORMING (Orientierungsphase)

➤ STORMING (Streit-, Trotz- und Kampfphase)

➤ NORMING (Vertragsphase)

➤ PERFORMING (Arbeitsphase)

Die Dauer und Intensität der einzelnen Phasen ist bei jedem Seminar anders und hängt von den TN und Deiner Persönlichkeit als SL ab.

In der *Forming-Phase* werden die einzelnen *Rollen* innerhalb der Gruppe gebildet. Auch Dir als SL wird von der Gruppe eine Rolle zugewiesen.

In der *Storming-Phase* werden die Positionen gefestigt und die Ausprägung der Rollen festgelegt. Dies erfolgt meist durch „Austesten der Grenzen" bis hin zu „Angriffe" gegen Dich als SL.

Wie Du Dich als SL in dieser Phase verhältst, ist ausschlaggebend für den gesamten Verlauf des Seminars (siehe auch *Regel 13*)!

Die Regeln für das „Miteinander" in der Gruppe werden in der *Norming-Phase* mehr oder minder von allen Gruppenmitgliedern übernommen. Dann erst ist konstruktives Arbeiten in der *Performing-Phase* möglich.

Ich habe schon Seminare sowohl als TN als auch als SL erlebt, in denen die *Storming-Phase* aus einer kurzen Diskussion um die Pausenzeiten bestand. Aber auch Seminare, in denen einzelne TN bis zur letzten Sekunde des Seminars in der *Trotz- und Kampf-Phase* steckten.

Regel 13:
Sei stets bereit für einen Kampf!

In Seminaren treten immer wieder kleinere bis größere Konflikte auf, die zumeist von einem einzelnen TN provoziert werden, und ein sofortiges Reagieren seitens SL erforderlich machen.

In solchen Situationen gibt es für Dich nur eine Option: *Angriff & Kampf*! Alles andere könnte von Deinen TN als Schwäche ausgelegt werden. Dass viele TN Machtkämpfe im Seminar ablehnen und sich gegen Dich stellen, ist nur zu Deinem Vorteil und trägt sicher zur Verschlechterung der Stimmung bei.

Konfliktlösungsmöglichkeiten aus Sicht von SL:

➤ FLUCHT: Du verläßt den Raum und gehst damit dem Konflikt aus dem Weg.

➤ ANGRIFF & KAMPF: Du gehst auf Konfrontation und Angriff. Nach einem heftigen verbalen Kampf müssen Deine TN (gegen ihren Willen) das machen, was *Du* willst.

➤ UNTERWERFUNG: Du gibst nach und machst das, was *Deine TN* wollen.

➤ DELEGATION: Die Konflikte werden außerhalb des Seminars mit Hilfe von Dritten gelöst.

➤ KOMPROMISS: Du einigst Dich mit Deinen TN auf einen Kompromiss. Das bedeutet jedoch, dass sowohl seitens Deiner TN als auch Deinerseits auf etwas (vom ursprünglichem Wunsch) verzichtet werden muss.

➤ KONSENS: Du findest mit Deinen TN eine Lösung, die alle gleichermaßen befriedigt.

(nach: Schwarz, G.: Konfliktmanagement. Konflikte erkennen, analysieren, lösen. Gabler Verlag, Wiesbaden 2003

Während des Seminars

Sollte die Vorbereitungs- und Einstiegsphase wider Erwarten gut verlaufen sein, so verhelfen Dir die folgenden Regeln zum Kippen des Seminars.

Regel 14:
Sprich möglichst leise und undeutlich!

Schone Deine Stimme und sprich möglichst leise und undeutlich. Wenn Dich Deine TN nicht richtig verstehen, sollen sie andere TN fragen. Das fördert die Kommunikation untereinander und hebt den Lärmpegel im Raum.

Je höher der Lärmpegel im Raum ist, um so besser wirkt diese Regel. Man wird Dich nicht mehr hören, früher oder später geht es im Raum zu wie bei einem Stammtisch.

Zusammen mit *Regel 15* garantiert es Dir, dass Deine TN abschalten und bei mehrtägigen Seminaren nicht mehr auftauchen werden.

Regel 15:
Verwende nicht die Sprache Deiner TN!

Je mehr Fremdwörter und Fachbegriffe Du verwendest, umso mehr zeigst Du Deinen TN, wie gut Du bist. Es ist wohl selbstverständlich, dass Du diese nicht erklärst! Wenn Du dabei etliche Fremdwörter falsch verwendest, merkt dies ohnehin niemand.

Dass Deine TN so kaum bis gar nicht mitkommen, ist nicht Dein Problem.

Regel 16:
Beharre auf die exakte Einhaltung Deines Zeitplans!

Du bist der Boss und gibst vor, wann was gemacht wird. Es ist nicht Dein Problem, wenn Deine TN mit dem Seminaraufbau und Deinem Zeitplan Probleme haben.

Jede zusätzliche Minute, die Deine TN etwa bei Teamarbeiten vergeuden, würde Deinen exakt verplanten Seminarablauf durcheinander bringen.

Was kümmert es Dich, dass Deine TN statt langen langweiligen Pausen lieber kürzere Pausen machen und dafür früher nach Hause gehen möchten.

Es ist auch nicht Dein Problem, wenn Deine TN ungeduldig und gereizt auf das Ende der Pause warten. Schließlich brauchst *Du* Deine volle Stunde Mittagspause und regelmäßig Deine halbe Stunde Kaffee- und Rauchpause. Selbstverständlich pünktlichst zu den von *Dir* vorgegebenen Zeiten.

Regel 17:
Bringe allgemeine und veraltete Statistiken!

Das zeigt Deinen TN, wie gebildet Du bist. Es braucht Dich dabei nicht zu interessieren, dass Deine TN an speziellen Statistiken zum Seminarthema interessiert sein könnten.

Wozu solltest Du denn auch bei der Vorbereitung des Seminars aktuelle Werte raussuchen. Die Statistiken aus dem Jahre Schnee reichen doch eh auch, oder?

Regel 18:
Habe keinen Plan B!

Plan B? Was ist das? Du hast das gesamte Seminar bis ins kleinste Detail vorbereitet, Handzettel kopiert und Übungsaufgaben ausgearbeitet. Diese Vorbereitung darf doch keinesfalls umsonst gewesen sein.

Zu viel Flexibilität würde nur dazu führen, dass Du tatsächlich auf Deine TN und die aktuelle Situation im Seminar eingehst. Wo würde das denn enden? Schließlich hast *Du* im Seminar das Sagen. Ergo werden von Dir sämtliche Wünsche und Einwände, die Deine TN äußern, ignoriert.

Je unflexibler Du Dich gibst, um so unzufriedener sind Deine TN. Du marschierst so mit riesen Schritten Richtung Supergau.

Sollte Dir diese Regel nicht behagen, so hilft Dir sicherlich *Regel 19* weiter.

Regel 19:
Gib das Ruder aus der Hand!

Nur so hast Du eine zufriedene und ruhige Gruppe. Lass die TN tun und lassen, was sie wollen. Du hast ja ohnehin nichts vorbereitet und entsprechend *Regel 2* keine Unterlagen mit.

Oder Du gehörst zu jener Gruppe von SL, die beim kleinsten Gegenwind die Segel einziehen und anderen - in diesem Fall einzelnen TN aus der Gruppe - das Ruder überlassen.

Dass ein derartiges Verhalten im absoluten Chaos endet und Deine TN nur wegen der Teilnahmebestätigung bleiben, ist wohl klar.

Regel 20:
Beantworte keine Fragen!

Schließlich bist Du kein wandelndes Lexikon. Außerdem bringen Dich Fragen nicht nur total aus dem Konzept, bei Beantwortung von Fragen geht Deiner Meinung nach auch unnötig viel zu viel Zeit drauf.

Wenn Du den Fragen nicht mehr ausweichen kannst, ist die passende Antwort „Dazu kommen wir später noch!" oder noch besser „Sammeln wir jetzt mal die Fragen. Ganz zum Schluß gehen wir alles durch."

Daß Du später auf die Fragen vergisst bzw. am Schluß keine Zeit mehr vorhanden ist, muss sicherlich nicht extra erwähnt werden.

Deine TN könnten dabei allerdings auf die Idee kommen, dass Du von der Materie sehr wenig bis kaum Ahnung hast. Was ohnehin perfekt wäre, denn so halten sie immer weniger von Dir und Du rückst dem Seminarziel „Seminar in den Sand setzen" immer näher.

Regel 21:
Beschäftige Dich nur mit einzelnen TN!

Eine gute Möglichkeit, sich unbeliebt zu machen, ist es, wenn Du Dich ausschließlich mit einem einzelnen TN beschäftigst und alle anderen ignorierst (siehe auch *Regel 12*!).

In vielen Seminaren gibt es einzelne TN, die stets die uneingeschränkte Aufmerksamkeit von SL auf sich lenken wollen. Du solltest immer auf diese TN eingehen! Nur so sind sie glücklich und zufrieden. Der Rest der TN ist genervt und schlecht auf Dich zu sprechen.

Regel 22:
Diskutiere über Gott und die Welt!

Wenn viel auf dem Programm steht und die Zeit ohnehin begrenzt ist, lieben es TN ganz besonders, wenn Du mit einigen wenigen TN über Gott und die Welt diskutierst. So vergeht die Zeit - zumindest für Dich - recht flott.

TN und Auftrageber zahlen ohnehin sehr gerne für Zeiten, die derart vergeudet werden.

Ein Steigerung dieser Regel - quasi *Regel 22* zum Quadrat - ist, wenn *Du* immer wieder mit solchen Diskussionen beginnst. Möchte ein TN diskutieren, wird dies von Dir ignoriert.

Damit erreichst Du binnen kurzer Zeit, dass sich sämtliche TN gegen Dich stellen. Je genervter Deine TN reagieren und je öfters sie „Machen wir jetzt endlich weiter?" oder „Ich bin hier, um etwas zu lernen!" etc. sagen, um so besser für Dich.

Regel 23:
Schimpfe über Alles und Jedes!

Unabhängig davon, welches Thema Dein Seminar zum Inhalt hat, Du findest sicherlich überall und jederzeit die Möglichkeit, Dich durch Schimpfen abzureagieren und Zeit zu schinden.

Beispielsweise könntest Du über die nicht funktionierende Technik des Hauses schimpfen. Oder etwa über die unmögliche Seminarbeschreibung im Programm. Das befördert die Motivation Deiner TN ins Bodenlose.

Du könntest auch über das ungenießbare Essen von der Kantine herziehen. Dabei werden sicherlich einige TN mitmachen, der Rest wird ziemlich ungehalten reagieren.

Besonders gut ist es für Dich, wenn zufällig jemand vom AG im Seminar sitzt, wenn Du Dich lang und breit über den AG etc. ausläßt. Da kannst Du sicher sein, dass Du nie wieder einen Auftrag von diesem AG bekommst.

Beliebte Phrasen

Es gibt viele Phrasen, mit denen man ein Seminar ins Strudeln bringen kann. Mit den beiden folgenden Regeln schafft man es, dass auch einem gut gesinnte TN „nicht mehr wollen".

**Regel 24:
Wir sind im Zeitplan schon nach,
dafür ist keine Zeit mehr!**

Das kommt bei TN besonders gut an. Insbesondere, wenn Du für nur wenige Sekunden Folien zeigst und dazu genervt sagst „das hätte ich auch noch. Wir liegen schon derart im Zeitplan zurück, das können wir nicht mehr anschauen".

Noch mehr freuen sich TN darüber, wenn Du ausdrücklich versprochene Inhalte mangels Zeit nicht mehr behandeln kannst. Viele Deiner TN werden Dich dafür regelrecht hassen, schlechte Bewertungen sind Dir gewiß.

Denk immer an das Sprichwort: *Versprochen ist versprochen und wird nicht mehr gebrochen!* Auch Erwachsene können enttäuscht reagieren! Dies könnte sogar in Beschwerden und Problemen mit dem AG enden.

Regel 25:
Das weiß ich nicht, das steht nicht in meinen Unterlagen.

Mit dieser Phrase zeigt Du Deinen TN, dass Du von der Materie nicht besonders viel bis Null Ahnung hast.

Du kannst nur von Deinen Unterlagen (falls Du *Regel 2* missachtest und Unterlagen mit hast) runterlesen. Alles, was nicht da drinnen steht, findet sich irgendwo, nur nicht in Deinem Kopf.

Je öfters Du diese Phrase verwendest, umso mehr sinkt Dein Ansehen in den Augen Deiner TN. Nach einiger Zeit machen manche TN ein Spiel daraus, wer die meisten Fragen stellt, die Du nicht beantworten kannst.

Ist es einmal so weit gekommen, kannst Du sicher sein, dass die TN nie mehr an einem Deiner Seminare teilnehmen werden.

Flipchart, Overhead- & PowerPoint Folien

Heutzutage gehören Overhead- & PowerPoint Folien sowie Flipcharts zum Seminaralltag. Die folgenden drei Regeln sorgen dafür, dass das beste Seminar zum Disaster wird.

Regel 26:
Schreib möglichst unleserlich!

Eine gefutzelte unleserliche Handschrift unterstreicht Deine Persönlichkeit und Individualität. Verwende ruhig Flipchart-Blätter, Overhead- und Power Point-Folien als Sehtest und als Ratespiel.

Dass Du bei zunehmender Unruhe in der Gruppe und Fragen nicht jedes unleserlich geschriebene Wort erklärst, versteht sich von selbst.

Spätestens wenn die ersten TN entnervt und entmutigt die Stifte beiseite legen und etwas Unverständliches vor sich dahinmurmeln, hast Du erreicht, dass Deine TN mit den Gedanken ganz wo anders sind und das Seminar langsam aber sicher kippt.

Regel 27:
Packe möglichst viel auf eine Folie!

Je mehr Du auf eine Folie packst, umso kleiner wird die Schriftgröße, die Inhalte werden umso weniger erkennbar und noch weniger erfaßbar. Deine TN lieben solche Folien ganz besonders! Nach wenigen Folien sind sie zumindest geistig nicht mehr anwesend.

Als Faustregel für die Gestaltung von Folien gilt:

➤ maximal 7 Punkte pro Folie

➤ je ein Thema pro Folie

➤ Schriftgröße mindestens 14

➤ keine Serifen-Schriften wie Times New Roman

➤ kein Schwarz auf Weiß

➤ aber auch kein Farbkasterl

Regel 28:
Mach möglichst viele Rechtschreib- und Grammatikfehler!

So ziemlich das Peinlichste, was Dir passieren kann, sind Folien gespickt mit Rechtschreibfehlern. Getoppt werden kann dies nur durch Grammatikfehler.

Mit einer derartigen Präsentation trägst Du nicht nur zur Unterhaltung Deiner TN bei. Spätestens bei der dritten Folie mit Fehlern halten selbst jene TN, die bisher Verständnis für Dich hatten, nichts mehr von Dir und noch weniger von Deiner Fachkompetenz.

Heutzutage verfügen alle Office Programme über eine eingebaute Rechtschreibprüfung. Wer seine Folien nicht Korrektur ließt und eventuelle Fehler korrigiert, zeugt von Bequemlichkeit und absoluter Gleichgültigkeit den TN gegenüber.

Endphase

Zum krönenden Abschluß eines schlecht gelaufenen Seminars gibt es noch zwei Regeln, damit auch die wenigen TN, denen Dein Seminar bisher aus welchen Gründen auch immer gefallen hat, Dich und Dein Seminar in schlechter Erinnerung behalten.

Regel 29:
Mach keine Zusammenfassung!

Das verbraucht unnötig Zeit. Außerdem könntest Du Deinen TN damit erst richtig bewußt machen, dass nur wenige bis so gut wie Null Inhalte im Seminar bearbeitet wurden.

Ich habe mir angewöhnt, am Ende jedes Seminartages (bzw. jeder Einheit bei Kursen) gemeinsam mit den TN schriftlich einen Überblick über den Tag zu erstellen.

Entweder notiere ich die durchgenommenen Inhalte für mich selber oder auf vorgegebene Protokollbögen des AG.

Somit habe ich nicht nur für mich einen Überblick, sondern auch für meine AG, falls nach Wochen ein TN meinen sollte: „Dies und Das und Jenes haben wir *nie* gemacht!".

Regel 30:
Verzichte auf eine Schlußrunde!

Deine TN könnten womöglich auf die Idee kommen, in der Runde ein negatives Feedback zu geben. Außerdem, Du weißt doch ohnehin selber ganz genau, dass das Seminar bisher ziemlich daneben gegangen ist. Das Seminarziel „Seminar in den Sand setzen" hast Du ja erreicht.

Obwohl, sei einmal ganz ehrlich, glaubst Du wirklich, dass jetzt noch immer TN im Seminar sitzen?

Ein herzliches *Danke* an alle TN und SL, die (bewußt oder unbewußt) ihr Scherflein zum Entstehen dieses Büchleins beitrugen.